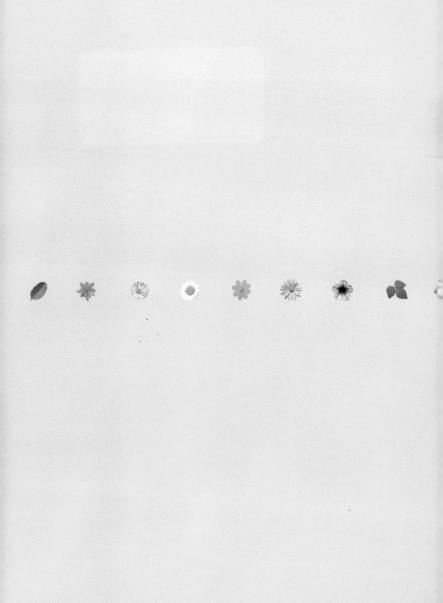

강 여 울 | 풀 씨 처 럼 | ②

사과 한 입
베물다가

오 혜 령 · 영 성 묵 상 기 도 집

도서출판
이유

오혜령 영성묵상기도집

| 강 여 울 | 풀 씨 처 럼 | ②

사과 한 입 베물다가

ⓒ 이유 2003

글쓴이 · 오혜령
펴낸이 · 김래수

초판 인쇄 · 2003. 11. 25
초판 발행 · 2003. 11. 30

기획 · 정숙미
편집 · 김성수 · 한진영
북디자인 · N.com (749-7123)
분해, 제판 · 성광사 (2272-6810)
인쇄 · 청송문화인쇄사 (2676-4573)

펴낸 곳 · 도서출판 이유
주소 · 서울특별시 동작구 상도5동 103-5 성은빌딩 3층
전화 · 02-812-7217 팩스 · 02-812-7218
E-mail · eupub@hanafos.com
출판 등록 · 2000. 1. 4 제20-358호

ISBN 89-89703-36-0 04230
ISBN 89-89703-34-4(세트)

| 강 여 울 | 풀 씨 처 럼 | ②

사과 한 입
베물다가

오 혜 령 · 영 성 묵 상 기 도 집

향기가 되렵니다

주님, 저에게 꽃이 되라 하십니까?
아직은 봉오리에 지나지 않는 저에게
주님, 저에게 향기를 퍼뜨리라 하십니까?
아직은 향훈을 머금고만 있는 저에게
주님, 저에게 활짝 웃으라 하십니까?
아직은 미소만 짓고 있는 저에게

아, 주님, 하오나, 꽃이 되렵니다
봉오리처럼 다소곳한 꽃이
아, 주님, 하오나, 향기가 되렵니다
머금은 듯 뿜어대는 향기가
아, 주님, 하오나, 환한 웃음이 되렵니다
미소처럼 은은한 웃음이

주님, 다시 당신 앞에 왔습니다

'내'가 오고 '네'가 와서 '우리'가 되었습니다
그리고 여기에 '영원하신 당신'이 계셔서
'나와 당신'이 되었습니다
왠지 울고 싶고, 어쩐지 웃고 싶습니다
어쩐지 사랑하고 싶고, 왠지 희망하고 싶습니다

오, 주님, 내가 죽고 네가 죽어
우리가 되게 해 주소서
'순간인 내'가 '영원인 당신' 안으로 들어가
온전한 하나가 되게 해 주소서
낮밤을 울고 또 울고
주야로 웃게 해 주소서
뜨겁게 사랑하고 끈질기게 희망하게 해 주소서

아멘

사과 한 입 베물다가

♣ 감히 여쭙습니다만, 주님께서 우리와
함께 계신다면, 어째서 우리가
이 모든 어려움을 겪습니까? (삿 6:11-24)

감히 여쭙습니다만

감히 여쭙습니다만,

어찌하여 저를 부르시고 뽑으셨습니까?

당신이 누구신지도 모르고

당신이 저를 통해 하실 일도 알지 못하는데

어쩌자고 제게 당신의 일을 시키십니까?

무엇부터 해야 할지 몰라 쩔쩔매며

제가 해 온 방식대로 해 보다가

뒤죽박죽 엉망진창으로 만들어 놓는데

그만두라 하지 않으시며

어이하여 계속 일을 시키시옵니까?

제가 힘겨워 한숨 쉬고 있노라면

"내가 너와 함께 있겠다"라고 속삭이십니까?
저도 기드온처럼 고개를 갸우뚱거립니다
기적의 실종, 하나님의 버리심,
고난 중에 함께 계시지 않는 하나님을
이유로 들어 반박한 기드온처럼
하나님 체험의 결여에서 오는
회의를 갖고 꽁무니를 뺍니다

감히 여쭙습니다만,
주님께서 우리와 함께 계신다면

어째서 우리가 당신이 하시는 일임을
확증하지 못합니까?
함께하시는 당신께서 능력을 주시는데
왜 무력을 절감하는 것입니까?
당신 앞에 두려워 떤다고
반드시 겸손한 것은 아닌 줄 압니다
당신을 향한 올바른 경외심을 가진 자라면
자신이 누구인가를 깨닫자마자
당신의 능력을 분명히 체험할 것입니다
그러나 아직 저희는
저희에게 와 있다는 그 능력을
어떻게 써야 하는지 모르고 있습니다
부르심 받은 처지에서 계속 기다리노라면
당신께서 오셔서
당신의 일을 하실 것입니까?

감히 여쭙습니다만,
당신께서 부르시는 자 안에 부어 주시는
당신의 능력을 언제 받을 수 있습니까?

당신께서 함께 계시면

겪어야 될 어려움도 안 겪고

원수와 싸워 승리하며

생각지도 않았던 기적이 일어나는

놀라운 삶을 살게 된다는 뜻으로

이해하고 있지는 않습니다

당신의 능력이 우리 안에 계속 내재하고 있다면

그 능력은 언제 참 능력이 되는 것입니까?

내 힘을 믿고 일하지 말라시는 뜻입니까?

능력 없는 자신을 바라보며

무력한 종임을 고백하며

오직 당신의 힘을 믿고 당신께만

의존하라고 하시는 말씀이신가요?

아, 바로 지금,

당신이 하신 말씀의 뜻을 알아들었습니다

당신께서 함께하시는 사람은

자신 안에 당신의 힘이 와 있는 것을

아는 사람임을 믿습니다

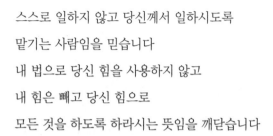

스스로 일하지 않고 당신께서 일하시도록
맡기는 사람임을 믿습니다
내 법으로 당신 힘을 사용하지 않고
내 힘은 빼고 당신 힘으로
모든 것을 하도록 하라시는 뜻임을 깨닫습니다

감히 여쭙습니다만,
당신께서 친히 저를 보내신다는 말씀은
당신께서 몸소 하신다는 뜻이 아닙니까?
힘을 부어 주신 후
그 힘을 행사하시는 분은
당신이심을 선언하고 계십니다
여기에 능력의 비결이 있습니다
우리 안에 내재한 당신의 힘을
당신만의 권능으로
당신이 자유자재로 쓰시는 능력으로
변환시키심을 말씀하시고 계십니다
친히 보내시고 친히 싸워 주시고
친히 적을 흩으시고 이기게 해 주십니다

당신만이 당신의 능력을 쓰시는 때와 장소,

그리고 양과 법을 아십니다

이것들은 당신만이 아시는 것이며

당신만 하실 수 있는 일입니다

당신 앞에 두려워 떨며 서 있는 시간이

많아지게 해 주시고

함께하시는 하나님,

안심시켜 주시는 하나님,

당신께서 부르신 저희들을

당신의 도구로 쓰시며

당신의 초월적 능력을 믿기만 하면

그 힘으로 저희 사명을

완수할 수 있도록 도와 주옵소서   †아멘

♣ 너희의 입을 크게 벌려라.
내가 마음껏 먹여 주겠다. (시 81:10)

마음껏 먹여 주세요

아버지, 입을 크게 벌리라고요?

무엇을 주시려고요?

제가 가장 좋아하는 맛있는 음식을

넣어 주시려고요?

"내가 마음껏 먹여 주겠다."고 말씀하시니

입을 크게 벌리겠습니다

가장 쉬운 것을 저희들에게 요구하고 계십니다

벌릴 수 있는 입을 벌리라는 것만큼

쉬운 일이 어디 또 있겠습니까?

예, 아버지,

입을 크게 벌리렵니다

먹여 주시옵소서

그러나 당신은

그냥 벌리라시는 뜻으로 말씀하시지 않습니다

먼저 입안에 들어 있는 것을

깨끗이 비우기를 원하십니다

하오나 저희의 영혼은 잡동사니로 채워져 있어서

아무리 비워도 비워지지 않습니다

그래서 당신은 채우시지 못하십니다

당신이 주시는 것을

마음껏 먹고 싶으면서도

아직도 무엇인가 우물우물 먹고 있는 것을

뱉지 못하는 저희의 모습이 꼴불견입니다

다만 입을 크게 벌리라시는 하나님 아버지,

마음껏 먹도록 하시려고

입안의 것을 토하기를 바라고 계시죠?

생각 같아선 한꺼번에 다 토해낼 수 있을 것 같습니다

그러나 구석구석 스며든 것든

아무리 토하려 해도 토해지지 않습니다

이미 먹은 것들에 길들은 저희는
감칠맛나는 당신의 음식이 들어와도
어떤 것이 참맛인지 구별하지 못합니다
그래서 당신이 먹여 주시고자 하실 때
얼른 입을 벌릴 수가 없습니다
벌리는 것조차도 제 때에 하지 못하는 저희를
용서해 주시옵소서

주시고자 하는 것이 뭔지 모르는 사람처럼
받는 데 절박한 심정이 되지 못하는
저희를 용서해 주시옵소서
주실 수 있는 조건을 충족시켜 드리지도 않고

채워 주십사 부르짖기만 하는 저희를

용서해 주시옵소서

수월하게 먹이실 수 있도록

다만 입안의 것을 다 비워 내면 되는데

다른 것을 먹으면서

당신이 주시는 것도 받아 먹으려고 하기에

손에 들고 오신 기름진 것들을

다시 가지고 돌아서시는

당신의 허전한 등허리를 자주 봅니다

이번 한 달 동안

구석구석 틀어박힌 세상음식 게워 내고

마음껏 주시려는 천상음식을 받아 먹도록

최선을 다해 노력할 수 있는

또 한 번의 은총과 기회를 주시옵소서   † 아멘

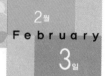

2월
February
3일

♣ 주님의 법규는 참되어서 한결같이 바르다. 주님의 교훈은 꿀보다, 송이꿀보다 더 달콤하다. (시 19:1-10)

혀에도 달고 입에도 달아

당신 뜻을 어기지 않고 온전히 그대로 살라시며
법규와 계명을 주신 아버지 하나님,
당신의 모든 것은 티없이 맑고 참되옵니다
세상의 법은 이지러지고 편법주의를 따르지만
당신의 법은 무궁토록 참되어서
한결같이 바르옵니다
날마다 변덕이 죽끓듯 하는 저희들이지만
당신의 말씀을 법으로 지키고 사는 저희들은
말씀의 칼날이 영혼을 쪼갤 때
어리석음이 산산조각납니다
아침 저녁으로 송이꿀보다 더 달콤한

말씀을 들려 주소서
한낮에도 새벽에도
순금보다 더 탐스런 말씀에
맛들이게 하소서

당신 뜻을 따라 기쁘게 살라시며
계명과 법을 주신 하나님 아버지,
당신의 모든 것은 다 옳고 참되옵니다
당신의 명령은
세상을 살아갈 때 부끄러운 일을 당하지 않도록
미리 깨우쳐 주십니다
당신 말씀 안에 들어 있는
그 깊디깊은 뜻은
당신을 사랑하는 자들에게는
복되고 복된 단 하나의 길이옵니다
영원토록 흔들림 없고 그릇됨 없는
오직 하나의 길이옵니다
주야로 송이꿀보다 더욱 단
말씀을 들려 주소서

새벽에도 한낮에도
순금덩이보다 더 좋은 말씀에
맛들이게 하소서
당신 계명을 지키며 정직하게 살라시며

교훈과 법규를 주신 아버지 하나님,
당신의 모든 것은 완전하고 참되옵니다
당신께서 저희에게 내리시는 말씀이
너무나도 사랑스러워

자나깨나 앉으나 서나

그 말씀을 되새기오며

그 말씀에 희망을 걸고

당신이 주실 영생을 향하여 끝까지 가오리다

당신의 말씀이 혀에도 달고 입에도 달아

그 말씀 아니고서는 붙들 것이 없사옵니다

밤에도 낮에도 순금보다 더 탐스런

말씀에 맛들이게 하소서

새벽에도 황혼에도

송이꿀보다 더 달콤한

말씀을 들려 주소서   † 아멘

하신 일이 놀라워

내 주 하나님,

그러실 줄 알았어요

밤에도 일하시고 낮에도 움직이시며

한 놀라움, 한 감탄스러움,

한 고마움, 한 신비스러움,

그것들을 제게 선물로 안겨 주실 줄 알았다니까요

어떻게 이런 사랑을 저 같은 죄인에게 퍼부으시죠?

제 실존을 강타하며 쏟아진

당신 은총의 무궁한 빛살,

그것은 평생 갚아도 못 갚을

기념비적 사랑이에요

고푸라지며 감사드립니다

내 주 하나님,
얼마 전까지만 해도
무심코 스쳐 지나간 일들이
지금은 예삿일로 느껴지지 않아요
새로운 발견, 새 깨달음,
새 감격, 새로운 그리움,
이것들이 갑자기 제 생에 들어와
'아하 체험'을 만들었지요
이제는 모든 것 안에 머물고

전부가 의미이며
모두가 경이롭고 경탄스러워요
순간마다 보고 웃고
날마다 듣고 울며
일마다 사람마다 만나고 기뻐해요
하신 일이 놀랍고 이루신 일이 고마워
울고불고 하지요
아, 당신을 사랑합니다

내 주 하나님,
당신은 저 하나만을 위해서
기쁨을 만들어 내고 계시죠?
아니라고 발뺌하지 마세요
이도 시원찮은데
어떻게 제가 음식을 씹을 수 있겠어요?
위는 늘어지고 무력한데
어찌 음식을 소화시킬 수 있겠어요?
장은 날마다 경련을 일으키는데
어떻게 흡수해 내겠어요?

심장, 신장, 폐, 어느 것 하나도
제 기능을 못하는데
숨쉬고 걸러 내며 신진대사를 시키겠어요?
머리끝부터 발끝까지 오장육부 하나하나
당신께서 손 대지 않으시면
저는 살아있을 수 없어요
아하, 당신이 하신 일 놀라워
통곡하며 감사합니다

내 주 하나님,
어디 그뿐이겠어요?
제 인식과 의식을 바꾸셨잖아요!
제 잘난 멋에 살던 제가
이토록 '깊은 죄인의식'을 갖고
당신 앞에 엎드려 있다니!
마땅히 받아야 한다고 생각한 제가
어떻게 '깊은 감사의식'을 갖고
작은 것에도 눈물 흘려 고맙다고
사람들에게 인사하겠어요!

아둔해서 배워도 모르는 제가
어찌 감히 누굴 가르치겠어요?
사람 말귀도 잘 못 알아듣는 제가
언감생심 어찌 당신의 침묵을
듣는 자리까지 올 수 있겠어요?
당신이 누구신지 전혀 모르던 제가
어떻게 당신께 대한 대상인식을 하며
당신 면전에 엎드려 기도할 수 있겠어요?
아하, 당신이 하신 일 고마워
흐느끼며 감사합니다

내 주 하나님,
당신께 감사하지 않은 것이 하나도 없어요

당신께 잘못하지 않은 것이 하나도 없어요
사람들에게 고맙지 않은 것이 하나도 없어요
이웃에게 미안하지 않은 것이 하나도 없어요
전 당신이 당신의 자녀로 삼으실 만한
위인이 못 되죠
그 숱한 죄를 용서받을
자격도 없어요
그런데 당신은 이 세상에서
가장 못나고 무능하고
추하고 흠투성이인
제 아버지가 되어 주셨어요
그리고 딸이 되었으니
자부심을 가지라고 말씀하시죠
더욱 더 송구스러워 얼굴을 못 들어요
아, 당신을 사랑합니다

내 주 하나님,
당신께 감사인사 드리려면
밤을 새워도 모자라요

당신을 사랑한다고 고백하는 것도

1년 갖고는 안 돼요

말로는 어림도 없지요

깨달은 대로 삶으로

감사한 대로 행위로

죄송한 대로 희생으로

약속드린 대로 사랑으로

이 모두를 지탱하기 위해서 기도로

당신을 향할 수 있도록

붙들어 주실 줄 믿어요

저는 결심뿐, 결행할 능력이 없으니까요

전 결단할 뿐, 결정할 지혜가 없으니까요

당신이 모두 떠안아 제 분수에 맞게

이뤄 주실 줄 믿어요

아, 당신의 사랑에 감읍합니다 †아멘

♣ 그 말씀은 육신이 되어
  우리 가운데 사셨다.
우리는 그의 영광을 보았다. (요 1:14)

잘못 찾은 것은 다시 잃게

한 길을 찾게 하신 고마우신 주님,
'사랑으로 향한 길' 에서
당신을 바라보게 하시고
'갈등으로 향한 길' 에서
극복으로 승리하게 하심을 감사합니다
'세상 끝의 샘으로 향한 길' 에서
잃었던 것을
다시 찾게 하심을 감사합니다
죽은 것은 다시 살려내 주시고
잃은 것은 찾게 해 주시며
잘못 찾은 것은 다시 잃게 해 주소서

오 주님, 길을 찾지 못해

오랫동안 헤매던 저희를

예수 그리스도 안에서

놀라운 미지의 삶을 얻게 해 주시고

그리스도와의 만남을 통하여

영원히 목마르지 않도록

여기 더불어 있게 하심을 감사합니다

기쁨의 원천이자 사랑의 샘이신 그리스도를 닮아

그 삶에서 최상의 축복을 누리도록

영성의 새벽을 맞게 해 주심을 감사합니다

이제 저희의 영혼을 되찾아

정신과 육체 사이에 상실되었던 연결을

회복시켜 주소서

먼저 존재의 통합을 이루게 해 주소서

그리하여 마침내는 '당신과의 합일' 이라는

큰 기적으로 인도해 주소서

좁은 길을 찾게 하신 고마우신 주님,

'아버지께로 향한 길' 에서

아버지를 사모하게 하시고
'십자가로 향한 길'에서
자아를 포기하게 하심을 감사합니다
'그 나라의 영광으로 향한 길'에서
잃었던 것을 다시 찾게 하심을 감사합니다
'본향으로 가는 길'에서 이뤄진 만남,
그리스도와의 만남 안으로 들어가
변화되어 나오고 싶습니다
소경이었던 우리의 눈이 열려
그리스도의 현존을
명료하게 보고 싶습니다
단념을 희망으로, 분열을 온전함으로,
자기거부를 자기수용으로, 포로에서 자유로,
훌쩍 뛰어 건너가고 싶습니다
눈빛이 투명해지고
내면까지도 당신의 빛을 반사하게 해 주소서
당신의 빛이 우리를 꿰뚫고 나가
당신의 영광이 우리 얼굴에 비춰져
거룩한 변용을 이룩하게 해 주소서

맛없고 김빠져 썩은 물이었던 저희를

당신의 성육신 사건으로 말미암아

새로운 맛이 되게 하시고

신적인 완전으로 채워 주시기를 원합니다

나사렛 예수 안에서 일어난

하나님의 육화를 통하여

죽어야 할 우리의 본성에

불멸의 당신 생명을 불어넣어 주소서

묵은 법규, 고정된 틀,

성대한 의식에 묶여 있던 저희들을 풀어 주시어

오직 새 삶의 가능성과 접촉케 하는

'술 취하지 않은 취기'를 얻게 해 주소서

마침내 저희에게 있는 모든 것이
삼위 하나님의 생명 안에 받아들여져
마치 결혼예복을 입은 신부에게서 볼 수 있듯,
우리의 존재가 꽃피게 해 주소서
그리하여 인간적일 뿐만 아니라 신적이기도 한
한 인간의 새 탄생을 성취하게 해 주소서
이제 저희 본연의 영혼을 되찾아
정신과 육체 사이에 상실되어 있던 고리를
온전히 연결시켜 주소서
먼저 '존재의 합일'을 찾게 해 주소서
그리하여 마침내는 당신과의 하나됨이라는
크나큰 기적으로 이끌어 주소서   † 아멘

♣ 보아라, 내가 네 앞에 문을 하나
열어 두었는데, 아무도
그것을 닫을 수 없다. (계 3:8)

열린 문 하나

영원이신 주님,

주어진 순간 속에서 삶과 죽음을 드나들며

당신께로 들어가는 문을 찾은 지 20여 년

수없이 찾고 또 잃으며

'허구의 여명'을 거치며

여기까지 왔습니다

아, 재생과 부활의 기대 속에서

부활이요 생명이신 당신을

꼭 붙들고 살게 해 주시니 감사합니다

혼을 얻고 또 얻는 가운데

여기서 거기의 부활을 체험한 20여 년,

당신과 더불어 당신 안에서 성장하여
이제 갓 스물네 살이 된 여종을 드립니다
다시 살아있음이 기꺼워 눈물 흘리고
다시 살아 즐거워 춤을 춥니다
미지의 세계로의 탐험이 시작된
여기 이 땅에서의 관계를 봉헌합니다

아 주님, 영원으로 들어가는 문을
하나 열어 두심 감사합니다
살아서도 그 문을 여닫게 해 주소서
죽은 후에는 그 문을 열고 들어가
당신과 하나되게 해 주소서
줄곧 부활의 삶을 동행해 주신 주님,
영광을 돌려드립니다
이제 육체는 부서질 대로 부서졌지만
혼은 생기를 찾아 그 나라에 가 있도록
사로잡아 주신 당신을 찬양합니다
당신이 다시 주신 생명을 마음껏 쏟아 내며
고통과 함께 기쁨을 봉헌합니다

죽음과 함께 삶을 바쳐드립니다
이를 보고 듣고 함께 울고 웃은
사랑하는 이들의 애끓는 사랑도 봉헌합니다
내일이 보장되지 않은 우리 모두의
오늘의 삶을 바쳐 드립니다

아 주님,
영원으로 들어가는 문 하나 열어 주셨으니
살아서도 그 문을 여닫게 해 주소서
죽은 후에는 그 문을 열고 들어가
당신과 하나되게 해 주소서   † 아멘

♣ 여러분은 이미 죽었고, 여러분의
생명은 그리스도와 함께
하나님 안에 감추어져 있습니다. (골 3:1-4)

감춰진 생명

주님, 생명의 실상에
눈을 뜨고 싶습니다
보이는 생명은
일과성을 띠고 있으며
안 보이는 생명은
영원성을 지니고 있다는 사실을
뚜렷하게 인식하도록 도와 주옵소서
드러난 생명은 일시적이고
감춰진 생명은 영원한 것임을
똑바로 깨달아 알게 하옵소서
당신 안에 있어서 지금은 볼 수 없지만

당신이 다시 오시는 날엔
당신의 영광 가운데 저희의 생명도 나타날 것임을
굳건히 믿도록 도와 주옵소서

주님, 위의 것들에만
오직 마음을 두고
마음을 쏟고 싶습니다
마음 둔 곳으로 몸이 움직이고
마음 쏟은 곳을 향하여 눈길이 좇아가고
마음 있는 곳에 영혼이 머물도록

은총을 베풀어 주옵소서

지상생활은 잠시뿐이요

천상생활은 영원하리라는

희망을 뿌리내려 주옵소서

여기 살면서도 여기에 애착하지 않고

거기를 그리워하면서도

여기의 삶에 불성실하지 않은

거룩한 영성을 입혀 주옵소서

천상의 생명이 지상의 죽음을 삼키는 기적을

날마다 체험하게 도와 주옵소서   † 아멘

도시 속의 광야를

성부의 뜻대로 사신 성자 그리스도여,
당신은 성부의 뜻을 여쭙기 위해
외딴 곳을 따로 찾으셨습니다
홀로 이른 새벽에
아버지 앞에 단독자로
홀로 깊은 밤중에
군중들을 떠나 산으로, 광야로 물러가셔서
조용히 성부의 음성을 들으셨습니다
당신께 하시는 말씀을 들으셨습니다
무엇을 달라시는 게 아니라
다만 사랑하는 아버지를

고요 가운데 뵈오며
심오한 뜻을 말씀해 주시는 것을
있는 그대로 모조리 받으셨습니다
예수 그리스도여,
저희도 '도시 속의 광야'를 만들어
성부의 음성을 듣게 해 주시옵소서

사랑하기 위해 이 땅에 오신 그리스도여,
가르치시고 고치시고
하나님나라를 전하신 다음엔
당신은 따로 한적한 곳을 찾으셨습니다
파김치가 되신 몸이었으련만

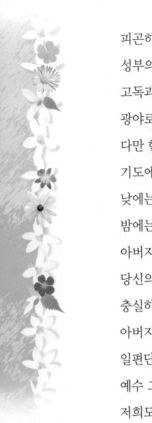

피곤하여 솜처럼 되셨으련만

성부의 뜻을 구하시기 위하여

고독과 침묵의 시간을 지키시기 위하여

광야로 산으로 피해 가셨습니다

다만 한 가지 가장 중요한 일,

기도에 집중하셨습니다

낮에는 군중들을 환대하시고

밤에는 물러가셔서

아버지를 기쁘시게 해 드린

당신의 철저한 위타실존의 존재양식을

충실하게 따르고 싶습니다

아버지의 뜻을 위한

일편단심의 순종을 닮고 싶습니다

예수 그리스도여,

저희도 마음 속의 골방을 만들어

아버지께로만 몰입하게 도와 주시옵소서   † 아멘

♣ 그러므로 서 있다고
   생각하는 사람은 넘어지지 않도록
조심하십시오. (고전 10:12-13)

서 있다고 생각하면

신실하신 주님,
당신은 인간이 능히 감당해 낼
시련만을 주십니다
힘에 겨운 시련은 겪게 하지
않으심을 감사합니다
믿는 사람에게는
불가능과 포기가 있어서는
안 된다는 것을
시련을 통해서 가르쳐 주십니다
시련은 항상 의미가 있으며
우리가 당하는 시련은 특별한

것이 아님을 믿습니다
누구에게나 시련이 온다는 것을 깨닫고
불굴의 의지로 이겨 내게 도와 주시옵소서
시련을 극복하고 벗어날 길을 마련해 주시는
당신의 뜻을 헤아리게 해 주소서

신실하신 주님,
당신은 인간이 능히 감당해 낼 시련만을 주십니다
힘에 벅찬 시련은
당하지 않게 하심을 감사합니다
시련 후의 승리를 미리 내다보고서
오히려 시련을 기쁘게 맞게 해 주소서
시련을 통해서 성숙되는 것이며
우리가 시련을 받을 때
그 태도를 당신께서 보고 계심을
알아차리게 해 주소서
시련이 일어날 때마다
무슨 큰 일이나 일어난 것처럼
믿음이 흔들리며

못살겠다고 엄살부리며

곧 절망하는 어리석은 자가 되지 않게 해 주소서

시련은 생의 기본요소로서

누구도 피할 수 없는 것임을 믿게 해 주소서

시련을 극복하고 벗어날 길을 마련해 주시는

당신의 뜻을 헤아리게 해 주소서　✝ 아멘

♣ 주께서는 약속을 더디 지키시는 것이
아닙니다. 도리어 여러분을 위하여
오래 참으시는 것입니다. (벧후 3:8-10)

고통 속에 숨겨진 기쁨의 씨앗

겨울바람 속에서 봄의 향기를
미리 맛보는 자를 사랑하시는 하나님,
당신은
고통을 벗어나는 길은
참고 견디는 것임을 가르치십니다
이것이 당신을 기쁘시게 하는 일임을 믿습니다
더더욱 당신께서 환영하시는 것은
고통 속에 숨겨진 기쁨의 씨앗을
미리 꿰뚫어 보고
저희가 먼저 기뻐 뛰는 것입니다
이것이 그리스도를 닮는 일임을 믿습니다

어떤 고난 가운데도 끝까지 인내하며
치러야 할 고난의 과정을 쉽게 건너뛰려는
안이한 자세를 지양하며
흔들리지 않고 걸어가는 것을
그리스도에게서 배우는 인생,
이 복된 삶을 예찬합니다

당신이 창조하신 인간을
결코 포기하지 않으시는 하나님,
당신은 지칠 줄 모르시며
무한한 지혜로
저희의 미련을 덮어 씌우며 기다리십니다
저희의 악과 어둠의 행실을

차마 볼 수 없으시면서도

저희의 죄성 자체를 용납하시고

완고한 저항을 꺾고

마침내는 당신께로 돌아설 때까지

오래오래 참고 참으십니다

당신의 날을 자꾸 뒤로 미루시며

기다리십니다

아버지 하나님,

당신의 시간표를 제대로 볼 줄 알게 하시고

도둑처럼 오게 될 최후의 날을

준비하게 해 주옵소서

당신의 약속을 까맣게 잊은 채

더디 오시려니 느긋하게 마음 먹음으로써

당신의 애간장을 끊는

죄의 길에서 발걸음을 돌려

이제껏 기다려 주신 당신의 사랑에

속히 보답하게 해 주시옵소서   † 아멘

♣ 예수께서 말씀하시기를
  "젊은이야, 내가 네게 말한다.
  일어나거라." 하셨다. (눅 7:11-17)

젊은이야, 일어나라

주님, 생명의 주인이신 주님,
당신은 생명 자체이신 당신을
날마다 저희에게 나눠 주십니다
주십사고 조르지 않아도
부득부득 생명을 부어 주십니다
연민의 정이 우러나시면,
사랑에 눈이 흥건히 젖으시면,
당신은 어느새 입을 열어
말씀으로 죽은 이들을 살리십니다
젊은이야, 일어나라
늙은이여, 일어나시오

어린아이야, 일어나렴
오 오 주님,
죽었던 젊은이가 일어났듯이
겨우내 침체되고 죽어 있던
저희 모두가 일어섭니다
당신의 전능하신 오른팔을
붙들고 일어납니다

주님, 생명을 소생시키시는 주님,
당신은 시든 생명, 죽은 생명,
병든 생명, 썩은 생명에
당신의 숨결을 불어넣어
온전한 생명, 건강한 생명으로 다시 살려내십니다

생명은 오직 당신의 능력으로부터
오는 것임을 믿습니다
치유는 당신이 내리시는 특별한 은총이 아니라
하나님나라가 와 있음을 알리시는
상징적 행위임을 믿습니다
오 오 주님,
죽었던 젊은이가 다시 살아났듯이
겨우내 고목처럼 죽어 있던
저희가 다시 살아납니다
젊은이야, 일어나라
늙은이여, 일어나시오
어린아이야, 일어나렴
말씀으로 살려 주십시오
당신 권능의 오른팔을 붙들고
살아나렵니다   †아멘

♣ 우리와 너희 사이에는 큰 구렁텅이가
가로놓여 있어서, 여기에서 너희에게로
건너가고자 해도 갈 수 없고, 거기에서
우리에게로 건너오지도 못한다. (눅 16:19-31)

안과 밖 사이

당신을 믿는 자들에게는
구원을 베푸시는 주님,
아버지를 믿고 섬기는 사람들에게는
영생을 주마시는 주님,
아버지 집에 거처를 마련하시고
다시 데리러 오시겠다고 약속하시는 주님,
당신은 천국의 복을 내려 주시기 위해
목청이 터지도록 회개와 복음을
선포하셨습니다
그러나 구원의 문은 좁아서
들어가는 사람이 적다고 말씀하시며

있는 힘을 다하라고 촉구하셨습니다
아브라함과 모든 예언자들은
다 하나님나라에 있는데
우리만 당신 밖에 쫓겨나 있는 것을 보면
가슴을 치며 통곡할 것이라고 경고하셨습니다

당신 안은 천국이고
당신 밖은 지옥임을 확실히 알아
당신 안에 살게 하심으로써
지옥벌을 받지 말게 해 주옵소서
당신을 믿는 자들에게는 구원을 허락하시는 주님,
아버지를 믿고 섬기는 사람들에게는

영생을 주시마는 주님,

아버지 집에 있을 곳을 마련하시고

다시 데리러 오마고 약속하시는 주님,

당신은 천국의 지복을 입혀 주시기 위해

목이 쉬도록 회개와 하늘나라를 선포하셨습니다

그러나 저희는 천국에는 들어가기를 원하면서

지옥불은 상상의 것으로 착각하며 살아갑니다

천국과 지옥 사이는 깊은 구렁텅이처럼

건너가고 건너올 수 없는 것임을

믿지 않고 있습니다

그 지옥은 불꽃 속에서 심한 고통을,

배고픔 속에서 영원한 형벌을,

목마름 속에서 혹독한 괴로움을 받으며

죽을래야 죽을 수도 없이

영원히 사는 곳임을 상기하게 해 주소서

회개하지 않고는 끝내 그 깊은 지옥의 구렁에서

헤어나오지 못하며

통한의 참혹한 불행을 겪게 될 것임을

깨닫게 해 주소서

당신 안은 천국이고

당신 밖은 지옥임을 확실히 알아

당신 안에 살게 하셔서

지옥형벌을 영영

받지 않도록 해 주옵소서   † 아멘

♣ 여러분은, 여러분이 하나님의 성전이며,
  하나님의 성령이 여러분 안에 거하신다는 ✽
  것을 모르십니까? (고전 3:16-17)

나는 하나님의 성전

하나님 아버지,
우리 안에 성령의 궁전을 마련해 주신 것을
진심으로 감사드립니다
당신의 성령께서 저희 안에
살아 계시게 해 주시오니
진심으로 감사합니다
당신께서 값을 치르고 저희의 몸을 사셨으므로
이제 저희의 몸은 저희 것이 아닙니다
하오나 아버지,
이 몸으로 영광을 돌려드리지 못하고
순결하게 영육을 지키지 못하여

당신을 슬프게 해 드린 죄를 지었사오니
용서해 주시옵소서
저희 몸을 깨끗하게 해 주시기 위하여
당신의 아드님께서 십자가에 달려 죽으셨으나
저희는 정욕을 만족시키며
그리스도와 연합하지 못할 정도로
몸과 마음을 더럽히며 살고 있습니다
부디 성결케 해 주셔서
저희 각자가 당신의 성전이 되게 하시고

당신께서 임재하시는 지성소가 되게 해 주소서

우리 안에 성전을 마련해 놓으신 하나님 아버지,
당신의 성령께서 저희 안에 살도록
선택해 주심을 감사합니다
진심으로 감사드립니다

성령으로 하여금 기도하게 하시고
겁 많은 저희를 담대하게 해 주시며
사랑할 수 없는 저희로 하여금
사랑할 수 있도록 해 주심을 믿습니다
하오나 아버지,
삼위 하나님께 속해야 할 몸을

저희 멋대로 함부로 다루어서

하나가 되어야 할 몸에 죄를 지었사오니

용서해 주시옵소서

당신께 몸으로 영광을 돌려야 한다면서

기뻐하시는 일은 하지 않고

성령께서 살아 계시는

성전을 순식간에 어지럽히고 있습니다

부디 거룩하고 깨끗하게 해 주셔서

저희가 당신의 성전이 되게 하시고

당신께서 현존하시는

지성소가 되게 해 주소서   †아멘

♣ 그리고 주 예수께서 친히 '주는 것이
받는 것보다 더 복이 있다.' 하신 말씀을
반드시 명심해야 합니다. (행 20:35)

사랑만이

'받는 것보다 주는 것이 더 행복하다.' 고 하신 주님,

당신은 말씀하신 대로, 한평생

주시는 행복 속에 사셨습니다

오, 이타실존의 삶,

사랑과 희생의 삶,

자아포기와 자기부인의 그 삶을

감탄하며 따르고자 하오니

당신을 추종할 수 있는

사랑의 능력을 주시옵소서

저희는 사랑을 줄 줄 몰라 죄를 짓습니다

사랑을 주는 방법도 미숙하여 죄를 짓습니다

사랑의 고백도 어눌하여 죄를 짓습니다
간이 없는 음식처럼 싱거워
사랑을 기초로 살아내지 못했습니다
사랑 한 번 제대로 해 본 적이 없는
차가운 사람으로 죄를 지었습니다

당신께서 저희를 사랑하심같이
서로 사랑하라고 하신 주님,
당신은 사랑밖에 모르시고
오직 사랑으로만 행하시다가
사랑하시기에 죽으셨습니다
오, 사랑으로 일관된 삶,
사랑의 시각으로 보신 삶,
사랑의 언어로 치유하신 삶,
사랑으로만 순종하신 그 삶을
찬탄하며 뒤따르고자 하오니
당신을 추종할 수 있는
사랑의 능력을 주시옵소서
사랑만이 세상을 이기며,

사랑만이 믿음을 꽃피우게 하며,

사랑만이 자아를 소멸시키는 길임을

깨닫게 해 주시옵소서

당신을 사랑이라고 부르며

그 사랑 안에 잠기는 것은 큰 복이옵기에

오늘도 저희는 사랑이신 당신을 찬미하며

영광을 드립니다

형언할 길 없는 크나큰 사랑,

측량할 수 없는 깊고 깊은 사랑,

정의할 수 없는 은혜로운 사랑을 찬양하며

존귀를 드리오니 받아 주시옵소서   † 아멘

♣ 들의 백합꽃이 어떻게 자라는가
살펴보아라. 수고도 하지 않고,
길쌈도 하지 않는다. (마 6:25-34)

들의 백합꽃을 보아라

공중의 새들을 보라고요?

들의 백합꽃을 보라고요?

언제나처럼 화두를 던지신 주님,

그들의 노래를 듣고 그들의

춤만을 보던 저희가 시각을 바꾸어

저들에게서 아버지께로 옮깁니다

아, 그렇군요

새들은 씨 뿌리지 않아도,

거둬들이는 희생을 자청하지 않아도,

아버지께서 거저 먹여 주신다는 말씀이군요

아, 그렇군요

백합꽃은 수고하지 않아도,
애써서 길쌈하지 않아도,
아버지께서 아름답게 입혀 주시는군요

저희들은 그동안 아무 생각없이
공중의 새들과 들의 백합꽃을
물끄러미 바라만 보았지
그들을 먹이시고 입히시는 주인이신
아버지를 응시하지 못했습니다
이제 비로소 아버지께서 하시는 놀라운 일,
위대한 기적을 도처에서 발견합니다
마침내 깨달으며 당신의 아버지,
우리 아버지께 영광과 찬양을 드립니다

무엇을 입을까, 무엇을 먹을까 걱정하지 말라고
실마리를 던져 주신 주님,
염려와 근심, 조바심과 노파심은
이방인의 것이라고 일러 주시는군요
무에서 유를 창조하시는 아버지께서
우리의 필요를 모르실 리 없으시니
질책하시는 말씀으로 들립니다
하나님나라를 먼저 구하고
아버지의 의를 사모하는 일이
우선순위 1위라시는 뜻이죠?
먼저 구할 것을 구하는 자에게
곁들여 주실 모든 것을 믿으라시는 거죠?
이방인들처럼 세상을 두리번거리지 말고
아버지와 하늘나라에
시선을 붙들어 매라심을 깨닫습니다
당신의 아버지, 우리 아버지께
찬미와 영광을 드립니다 † 아멘

♣ 주님, 우리가 누구에게로 가겠습니까?
선생님께는 영원한 생명의
말씀이 있습니다. (요 6:66-71)

주님, 우리가
누구에게로 가겠습니까?

영원한 생명을 약속하신 주님,

우리가 당신을 떠나 누구에게로 가겠습니까?

우리가 당신을 두고 어디로 떠나가겠습니까?

우리는 당신께서

하나님으로부터 보내심을 받은 분이심을

믿고 또 압니다

당신을 보고 믿는 사람은 누구나

영원한 생명을 얻게 하시려는 것이

아버지의 뜻인 줄 알고 있습니다

당신께서는 하늘에서 내려오는

살아있는 빵이며

당신을 먹는 사람만이 영원히 살 것이며

당신께서 아버지의 힘으로 사시는 것처럼,

생명의 빵이신 당신을 먹는 우리들도

당신의 힘으로 살 것임을 믿습니다

생명의 주님,

빵을 쪼개시며 나누어 주신 당신이

빵으로 변하여 먹히시면서까지

사랑하신 의미를 확실히 깨닫게 해 주소서

영원한 생명을 주신 주님,

우리가 당신을 두고 누구를 찾아가겠습니까?

우리가 당신을 떠나 어디로 가겠습니까?

우리는 당신께서

하나님으로부터 파견 받으신 분이심을

믿고 또 압니다

당신의 제자들은 당신과 함께, 당신을 통해,

먹고 마시도록 부름 받았습니다

그들은 당신 자체를 먹고 마시도록

부름 받았습니다
저희들도 당신의 만찬상에 참여할 때마다
보이지 않는 영원하신 당신의 현존과
효험 있는 힘, 즉 생명의 빵을
영혼의 양식으로 먹도록
부름받았습니다
하오나 당신과 함께 먹고 마신 제자들이
그 빵의 기적을 이해하지 못했듯이
성만찬에 참여하는 저희들도
빵의 기적을 알아차리지 못하여
아직도 당신이 누구이신지 알지 못하오니
불쌍히 여겨 주시옵소서
생명의 주님,
빵을 쪼개시며 나누어 주신 당신이
빵으로 변하여 먹히시면서까지
사랑하신 뜻을 분명히 알게 해 주소서

영원한 생명을 보증해 주신 주님,
우리가 당신을 떠나 누구에게로 가겠습니까?

당신께 영원한 생명의 말씀이 있는데
생명을 떠나 어디로 가겠습니까?
우리는 당신께서 하나님으로부터 보냄 받으신
성자이심을 믿고 또 압니다
우리가 매일 식탁에서 먹는 빵,
당신께서 군중들을 위해 늘리신 빵,
돌아가시기 전날 밤 제자들에게 주셨고
성찬을 통해 영원히 남게 되는 그 빵,
우리가 쪼개는 빵의 이 모든 특성들이
영원한 생명의 빵이신 당신 안에 하나되어
커다란 능력을 지니게 해 주소서
우리가 받아 마시는 이 잔이
당신의 현존과 은총만을 뜻하는 것이 아니라
모든 현존과 내가 받은 모든 은총,
그리고 궁극적으로 나 자신까지도 의미하는 것임을
깨달아 알게 해 주소서

매일 하루에도 몇 번씩 나누는
일상의 빵의 요소를 뛰어넘어

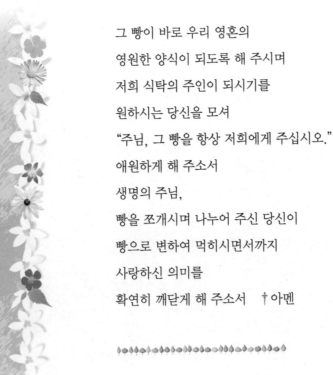

그 빵이 바로 우리 영혼의

영원한 양식이 되도록 해 주시며

저희 식탁의 주인이 되시기를

원하시는 당신을 모셔

"주님, 그 빵을 항상 저희에게 주십시오."

애원하게 해 주소서

생명의 주님,

빵을 쪼개시며 나누어 주신 당신이

빵으로 변하여 먹히시면서까지

사랑하신 의미를

확연히 깨닫게 해 주소서　✝아멘

♣ 예수께서는 악마에게 말씀하셨다.
"또 성경에 기록하기를 '주 너의 하나님을
시험하지 말아라.' 하였다." (마 4:1-11) ✳

광야, 그 허기와 고독

성령으로 잉태되시고
요단강에서 세례를 받은 후
성령을 가득히 입으신 예수여,
성령의 인도로 광야에 가셔서
악마의 유혹을 받으시고
당당히 승리하신 당신께
영광과 찬양과 존귀를 드립니다
하나님과 동일하신 분이
신앙의 시험을 받으시다뇨!
하나님께서 사람의 몸을 입으신 신비,
하나님께서 사람에게 세례 받으신 신비,

71

그리고 하나님께서 악마에게 시험당하신 신비를
통찰할 수 있는 은총을 주옵소서
성부와 더 깊은 관계로 들어가시기 위하여
당신이 겪으신 사십 일 동안의
육체의 허기와 영혼의 고독을 거쳐,
성부 하나님의 말씀으로
악마를 이기고 물리치신 승리에
환호작약하며 찬미를 드립니다

악마의 유혹을 과감하게 물리치신 예수여,
당신은 그리스도로서 유한한 자유를 지니셨기에
현실에서 유혹에 직면하십니다

당신의 완전한 인성,
유혹에 패배할 수 있는 가능성을
인정하게 해 주소서
당신이 겪으신 시험은
인간으로 오신 하나님의 아들이 받으신
유혹의 실재였음을 깨닫게 해 주시옵소서
마침내 당신은 유혹을 이기시고
당당하게 천사들의 시중을 받으셨으니
할렐루야, 할렐루야!

악마의 유혹을 당당하게 이기신 예수여,
쾌락의 정욕, 기만의 정욕,
오만의 정욕, 욕망과 야심,
그리고 호기심의 삼중 유혹을
오직 하나님의 말씀으로 꺾어 버리신
당신의 영적 투쟁은 장거요, 쾌거입니다
저희도 날마다 맞닥뜨리는
물질적, 사회적, 영적 유혹을
단호히 물리치게 해 주소서

그리하여 마침내 도처에 널려 있는 시험에서
넉넉하게 승리하도록 도와 주시옵소서

이 광야 같은 인생길
황량하고 위험투성이인 인생길,
몸서리쳐지는 고독과 유혹의 길에서
성령의 인도를 받아
유혹을 이기고
끝내 광야를 잘 가로지르게 해 주시옵소서
✝ 아멘

♣ 예수께서 성령이 충만해서,
요단강에서 돌아오셨다. 그리고 성령에
이끌려 광야로 가셔서, 사십 일 동안
악마에게 시험을 받으셨다. (눅 4:1-13)

마귀의 은거지,
광야의 시험

주님, 사랑하는 주님,

유혹 받을 수도 없고

받으실 필요도 없으신 당신께서

모범을 보이시기 위하여

친히 유혹 받기를 자청하신

그 사랑에 감격합니다

당신께서 마귀의 유혹에 대항하여

싸워 이기신 것은

우리도 당신처럼

마귀와 감히 싸울 수 있는 용기를

얻게 해 주시려 하심임을 믿습니다
당신이 보여 주신 승리의 방법을 따라
우리도 승리할 수 있는 길을
걷게 해 주시려 하심임을 믿습니다
당신께서 마귀와 싸워 이기신 것은
신성으로써가 아니라 인성으로써였으므로
우리의 모범이 되십니다
주님께서 신적 능력으로 마귀를 이기셨다면
너무도 당연한 일이며
우리에게 결코 모범이 되실 수 없사오나
우리와 같은 인성으로 이기셨기에
우리도 이길 수 있다는 자신감을 주신 것을
감사하옵고 감사합니다

주님, 사랑하는 주님,
시험 받을 수도 없고
받으실 필요도 없으신 당신께서
당신의 모범을 배우게 하시기 위하여
몸소 시험 받기를 자원하신

그 사랑에 감격합니다

시험을 직접 받아보지 않고서는

능력 있는 일을 할 수 없으며

시험 없이는 신앙도 자랄 수 없고

원수 마귀 없으면 어떤 싸움도 있을 수 없으며

충돌 없으면 승리도 없음을 믿습니다

현세생활에서 세상과 마귀,

그리고 자신과 싸워 이기기 위하여

늘 기도로 깨어 준비하도록 도와 주소서

가장 교만한 원수의 간계를

겸손의 신비로 무찌르신 당신의 비결을

배워 익히게 해 주소서

악습들이 우리 내면을 더 오염시키지 않도록

끊임없이 양심을 살피고

회개하게 해 주소서

주님, 나의 주님,

유혹 받으실 필요도 없고

받으실 수도 없는 당신께서

본을 보이시기 위하여
친히 유혹 받기를 자청하신
그 용기에 감격합니다
마귀가 잔꾀를 부려
당신이 물질의 본성을
마음대로 변화시키실 수 있는 분이신지
알아 내려 했습니다
또한 당신의 신성이
인간 육체의 형상 아래 싸여 감춰져 있는지,
공중에 길을 내는 것이 쉬운 일인지,
흙에서 만들어진 당신 육신의 지체들이
허공에 떠 있을 수 있는지,
알아 내려 했습니다
뿐만 아니라 교활한 속임수를 써서
당신의 신적 능력의 징표가
모두 끝나 버렸다고 생각하고
지배욕의 무기로 당신을 시험했습니다
그러나 당신은 참 인성의 의로움으로써,
하나님의 무한한 지혜로써,

권능의 말씀으로써,

마귀들의 잔꾀를 무색하게 만드셨습니다

이렇게 교만한 마귀는

자기가 결박했던 바로 그 분이신

당신에 의해 오히려 결박되었습니다

할렐루야! 할렐루야!

우리가 마귀와 싸워 이기기에는 역부족이오나

주께서 우리 안에 계셔서

잘 싸울 수 있도록

영적 무기로 무장시켜 주실 줄 믿습니다   † 아멘

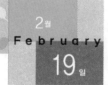

눈물골짜기를 지난 후

길이신 주님,

당신을 향해 나아가는 여정으로서의

영적 삶을 인도해 주시는 주님,

삶의 제한된 조건 속에 놓여 있는 우리 모두를

여정중에 완성자로 만들어 주시기 위하여

길을 걷게 하시니 감사합니다

본질적으로 순례하는 자, 되어가는 자

삼아 주심을 다시 감사드립니다

모든 가능성을 동시에 실현할 수 없는

시간적 존재인 저희들을

당신의 무한성에 참여케 해 주시고

남성, 여성, 양성을
영성 안에서 동시에 살게 해 주심을
감격하며 감사드립니다
길목마다 삶의 과제를 새롭게 내 주셔서
과거에서 현재로 건너와
이제 자신 앞에 놓여 있는 미래를 향해
용기 있게 건너가도록 도와 주심을
무한히 감사합니다

하오나 저희들은 역사적 존재로
자유와 결단 사이의 긴장 속에 있사오매,
돌이킬 수 없는 과거 속에 있고
아직은 현재 안에 놓여 있으며
요청해 오는 미래를 향한 길 위에 놓여 있어서
당신의 끊임없는 간섭을 필요로 합니다
영성화됨으로써 성숙한 나그네들이 되도록
은총을 베풀어 주시옵소서
생명 자체인 당신과의 관계를
친숙하게 맺음으로써

당신 안으로 들어가
영적 존재로 완성되게 해 주시옵소서

주님, 길이신 주님,
당신을 향해 나아가는 여정으로서의
영성적 삶을 길잡아 주시는 주님,
제한된 삶의 조건 속에 놓여 있는 우리 모두를
여정중에 완성자로 만들어 주시기 위하여
영성길을 걷게 하시니 감사합니다
저희 한 사람 한 사람을 지극히 사랑하셨기에
완덕을 향한 산길로 불러 주시고

그 어떤 길에서도 넘어지지 않도록
가르침으로 동행해 주심을 감사합니다
하오나 어떤 위험도 없이
완벽하게 안전하지 않은 길임을
저희는 잘 알고 있습니다
당신이 주시는 보물이
부서지기 쉬운 연약한 그릇들 속에서
운반되고 있기 때문입니다
순례의 길에 있는 우리를
하나님께로 들어 높여 주는
하나의 사다리가 되셔서
어떤 것이 하나님의 발자취이고
어떤 것이 악령의 흔적인지
분별하게 해 주시기를 원합니다
완전히 영적이고 영원히 높이 계신
가장 근원적인 존재를 관상하기 위해서,
육적이고 시간적인 것들을 초월하고
영원하고 무한한 것들을 따라
당신의 길로 인도되어

줄기차게 나아가게 도와 주시옵소서

하나님을 알고 당신을 아는 지식 안에서
기뻐하고 또 기뻐하며
당신의 존엄과 영광 앞에서 두려워 떨며
눈물골짜기를 지나 오르고 또 올라,
마침내 구원을 가져오는
그 완덕의 산 상상봉에 오르게 해 주시옵소서
영성화됨으로써
성숙한 나그네들이 되도록
은총을 베풀어 주시옵소서
생명 자체인 당신과의 관계를
깊이 맺음으로써
당신 안으로 들어가 영적 존재로
완변되게 해 주시옵소서 †아멘

♣ 누구든지 자기 십자가를 지고
나를 따라오지 않으면,
내 제자가 될 수 없다. (눅 14:25-30)

누구든지 자기 십자가를 지고

참 스승이신 주님,

당신의 제자가 되려면

자기 십자가를 져야 한다고요?

자기 목숨까지도 미워하지 않으면

당신 제자가 될 수 없다고요?

자기 십자가라면

자신을 부인하고 포기하는 것을

말씀하시는 것인가요?

그러나 아무 준비도 없이

무턱대고 따라나섰던 저희를

용서해 주시옵소서

희생과 각오 없는 추종,
작은 십자가만 지는 추종,
제자의 도리를 망각한 추종,
참 제자가 아닌 거짓 제자만 되려는
무모한 추종을 해 왔습니다
먼저 당신께서 요구하시는 표준을
알고 따라나서게 해 주시옵소서
험한 길도 한 걸음씩
자아의 죽음을 꾀하며

끝까지 당신을 따를 수 있는
결연한 의지를 주시옵소서

주님, 참 스승이신 주님,
당신의 참 제자가 되려면
자기 십자가를 지고 따라오라고 말씀하십니다
하오나 아무 준비도 없이
우쭐하여 따라나섰던 저희를
용서해 주시옵소서
당신이 누구신지도 모르며
당신을 따른다고 허풍을 떨었습니다
내가 누군지도 알지 못하며
추종할 수 있다고 장담했습니다
따르는 둥 마는 둥 피상적 관계 속에서
겉만 제자요, 속은 선생인 채,
당신을 따라다녔습니다
겉은 예수 추종자,
속은 자기중심주의자로서,
겉으로는 준비된 척하며

기초없는 제자의 삶을 살아왔습니다
그리하여 아무 건물도 짓지 못하고
땅만 파 놓아
짓다 만 집만 만들어 놓은
수치스러운 제자의 삶이었습니다
먼저 당신께서 요구하시는 표준을
알고 따라나서게 해 주시옵소서
좁은 길도 한 걸음씩
용기를 가지고 내딛어
끝까지 당신을 좇을 수 있는
확고한 믿음을 주시옵소서 † 아멘

♣ 너희는 바리새파 사람들과
사두개파 사람들의 누룩을 주의하고
경계하여라. (마 16:5-12)

누룩을 경계할게요

누룩을 경계하라고요, 주님?
저희의 마음을 온전히
그리고 골고루 변화시키는 복음을
누룩인 줄 알고 있었는데요
하나님나라의 임재는
누룩처럼 저희의 삶에
큰 변화를 일으킨다는 사실을
철석같이 믿고 있었는데요
당신은 오늘
물질적이고 문자적인 의미인
발효된 작은 빵 반죽을

누룩이라고 오해한 제자들의 오류를
예리하게 지적해 주시는군요
생활 속에 파고들어 삶을 부패시키는
악한 세력인 누룩을 경계하라고
경종을 울려 주시니 감사합니다

누룩을 조심하라고요, 주님?
성구나 줄줄 암송하고 율법을 지키는 것 외엔
아무것도 하지 않는
바리새파의 가르침인
미신의 누룩을 조심하라시는 거죠?
예언을 나름대로 해석하고
천사의 존재와 성령과
당신의 부활을 믿지 않는
속물적 악취를 풍기는 사두개파의 가르침인
누룩을 조심하라시는 거죠?
누룩이라는 상징에
머물지 말게 해 주시고
비유에서 참된 의미를 체험하며

통찰에서 진정한 깨달음으로
깨달음에서 믿음으로
건너가게 해 주옵소서
저희의 믿음이 자라지 못해
당신을 낯선 분으로
언제나 멀리 계시도록 하는 죄를
짓지 않게 하시고
당신의 말씀을 잘 알지도 못하면서
아는 척하다가
점점 더 큰 오류를 범하지 않도록
인도해 주옵소서 † 아멘

♣ 모세가 두 증거판을 손에 들고 시내산에서
내려왔다. 그가 산에서 내려올 때에,
그의 얼굴에서는 빛이 났다. (출 34:29-35)

빛으로 다시 빚어진 얼굴로

영광의 빛 그 자체이신 아버지 하나님,

오늘 저희들은 모세와 함께

시내산으로 오르려고 합니다

그 계시의 산, 기도의 산에서

당신의 영광을 뵙고 싶습니다

일그러지고 광휘를 잃은 저희 얼굴을 꿰뚫고 나와

당신께서 우리에게 만들어 주신 그 모상을

빛으로 가득 채워

당신의 손에서 다시 빚어진 얼굴로

빛을 발산하고 싶습니다

그리하여 모세가 산을 내려올 때

증거판 두 개를 들고 내려왔듯이
저희도 무엇을 가지고 내려오게 해 주소서

눈빛이 투명해지고
내면적 온유를 반사하는 얼굴을 지니고
하산하게 해 주소서
당신의 계시된 계획과 뜻
그리고 친히 내리신 법을
순종하는 마음을 주소서
아버지 하나님,
당신의 영을 부어 주셔서
꿈을 꾸게 하시고

우리의 구원을 보게 해 주소서
영광 그 자체이신 아버지 하나님,
오늘 저희들은 모세와 함께
시내산으로 오르려고 합니다
그 기도의 산, 계시의 산에서
당신의 영광의 빛을 쐬고 싶습니다

망가지고 생기 잃은 저희 얼굴을 꿰뚫고 나와
당신의 손에서 다시 빚어진 얼굴로
빛을 내뿜고 싶습니다
그리하여 산을 내려올 때는
모세가 간직했던 겸손의 덕을
가지고 오게 해 주소서

당신의 분부대로

즉시 실천하는 용기를 지니고

하산하게 해 주소서

당신과 맺은 사랑의 관계를

가지고 오게 해 주소서

당신과 함께 누렸던

친교의 기쁨을 머금고 하산하게 해 주소서

사랑의 계명대로 살려는

굳은 의지를 가지고

내려오게 해 주소서   † 아멘

◦•◦◦•◦•◦◦•◦•◦•◦◦•◦◦•◦◦•◦◦◦•◦◦•◦◦•◦◦•◦

♣ 겨울은 지나고, 비도 그치고,
　비구름도 걷혔소. (아 2:11-12)

겨울은 지나고

주님, 유난히 길고 긴 겨울이었습니다

창 안에서 보는 겨울도

바람에 휩싸여 있었습니다

창 밖에는 눈이 쌓였습니다

겨울비가 끝없이 내렸습니다

자동차 소리도 끊긴 새벽,

겨울이 더 차가운 얼굴로

제 방안을 들여다보았습니다

겨울과 눈을 마주치기 싫어

얼굴을 돌리곤 했습니다

그러나 문풍지 사이로

새어드는 겨울바람이 저를 봅니다
추위를 피하지 말라는 듯
바람을 막지 말라는 듯

주님, 어느 새 겨울은 지나고
비도 그치고
바람도 잦아들었습니다
숲에 머물던 눈도 녹아 버렸습니다
움츠렸던 나무들이 기지개를 켭니다
겨우내 피어 있던 동백꽃들은
오히려 입을 다물고

사라지는 겨울을 그리워합니다
잔뜩 얼어붙은 땅 속에서
무슨 일이 일어나고 있나 봅니다
황폐해진 들판을 바라보며
"겨울철에 빵이 자라네."
읊조린 한 시인의 말과 조우합니다
마치도 주검처럼 꼼짝 않던
벼 밑둥이 쉬고만 있던 게 아님을
알아차리고 있습니다
이미 빵 만들 준비를
하고 있었군요
봄을 만드는 겨울을 주심에 감사합니다

주님, 가슴에 감흥이 일지 않아도
침묵 속에 그리고 보이지 않는 시간 속에서
저희의 믿음이 자라고 있음을 감지합니다
비록 영혼이 아직 겨울을 거닌다 해도
제 안에서 빵 한 덩이가
자라고 있다는 의미를 되새깁니다

전혀 예기치 못한 일입니다
당신께서 그 일을 하십니다
그러다가 어느 날 빵 한 덩이가 나타나면
"어느새 네가 빵을 만들었구나.
장하고 갸륵하다."
당신은 제게 찬사를 띄우십니다
그러나 주님, 저는 그 빵의 제조자는
제가 아니라 당신이심을 잘 알고 있습니다
감사합니다
주님, 그러기에 겨울이 오래 머묾을
환영하는 마음을 품게 됩니다
발가벗고 서 있는 나무들의 겨울나기를

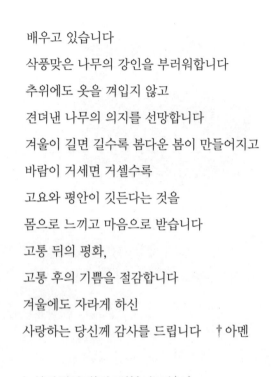

배우고 있습니다

삭풍맞은 나무의 강인을 부러워합니다

추위에도 옷을 껴입지 않고

견뎌낸 나무의 의지를 선망합니다

겨울이 길면 길수록 봄다운 봄이 만들어지고

바람이 거세면 거셀수록

고요와 평안이 깃든다는 것을

몸으로 느끼고 마음으로 받습니다

고통 뒤의 평화,

고통 후의 기쁨을 절감합니다

겨울에도 자라게 하신

사랑하는 당신께 감사를 드립니다　† 아멘

♣ 향수에 빠져 죽은 파리가 향수에서 악취가
나게 하듯이, 변변찮은 적은 일 하나가 ✳
지혜를 가리고 명예를 더럽힌다. (전 10:1)

파리 한 마리 때문에

주님, 일껏 정성스레 증류수기에서
식수 한 병을 받았는데
오랫동안 기다리며 받은 증류수에
파리 한 마리가 빠졌어요
그 파리 한 마리 때문에
물 한 병을 다 쏟아 버렸지요
아주 잠깐 사이,
뚜껑을 닫지 않고 방심한 사이,
부엌으로 날아들어온 겨울 파리가
깨끗한 물병 속으로 들어갔어요
파리가 있는 것도 몰랐고

파리가 들어갈 것이라고
상상조차 하지 못했어요
왜 진작 파리를 잡지 않았느냐
뚜껑을 얼른 닫지 뭐했느냐
누구를 트집잡으려다
손으로 제 입을 막았지요
제가 못 보고 제가 미리 미리 막지 못했는데
누구에게 책임을 떠넘기겠어요?
어디 이런 일이 한두 번
일어났어야 말이죠

어느 해 여름
쇠고기를 사 먹을 수는 없고
닭이 싸기에 여름 내내
무의탁 노인들에게
닭죽만 대접한 적이 있었어요
미련하여 큰 들통에 닭을 여러 마리 넣고
찹쌀을 넣은 후
키가 작아 의자 위에 올라가 큰 국자로

한 시간 동안 죽을 젓곤 했지요

워낙 가족이 많아

큰 들통의 죽은

하루 이상 가지 않았어요

식히느라고 들통을 내려 씽크대에 물을 받아

거기에 담가 놓은 후

잠시 돌아서서

갓 씻은 그릇들을 마른행주질하다가

들통에 소쿠리를 안 덮은 게 생각나

돌아서서 보았더니,

아뿔싸, 이미 파리 한 마리가

닭죽을 시식하고 있었지요

아, 그 순간의 저의 속상함은

지금도 제 얼굴을 달아오르게 해요

그 파리 한 마리 때문에

끓인 죽을 모두 버리고

다시 닭죽을 끓이느라고

더운 여름 오후 내내

부엌에 서 있었어요

저의 부주의를 탓했지요

차라리 향수병에 파리가 빠져 있었다면
전 그 향수를 안 버리고
그냥 썼을 것 같아요
하찮은 미련한 행동 때문에
지혜로 얻은 영광을
물거품으로 만들 수 있다는 것,
실감나는 일이에요
자칫하면 저지를 수 있는 실수니까요
아흔아홉 가지를 잘 했어도

마지막 한 가지를 그르쳐서
아흔아홉 가지를 다 망치는 일이
우리네 인생살이에 얼마나 많은지요!

주님, 결국 지혜가
어떤 무기보다 낫다는 말이 실감나는군요
지금까지는 이렇게
어느 한 순간에 영광의 탑을
무너뜨리며 살아온 저예요
부디 제게 지혜를 주셔서
파리 한 마리 때문에
향수 한 병 버리는
어리석은 일일랑
저지르지 않도록 도와 주세요   † 아멘

♣ 누구든지 나를 따라오려거든,
자기를 부인하고 제 십자가를 지고
나를 따라오라. (마 16:24-26)

저 위하여, 저 대신

주님, 저 대신 고통스런 십자가를 지신 주님,
당신의 십자가를 바라보기만 해도
은혜가 넘칩니다
그 생명나무에서 얻는 구원의 열매가 단맛을 내며
탐스럽게 달려 있는 것을 봅니다
당신의 십자가의 그늘에서
쉬는 기쁨도 맛봅니다
바라보면 볼수록 더욱 사랑하게 되는 십자가,
이젠 두려워하지 않고
십자가로 더 가까이 가려고 합니다

주님, 저 위하여 십자가를 지신 주님,
당신께서 홀로 지신
제 죄짐 무게만한 십자가를
눈 앞에 그리며 울고 또 웁니다
저를 얼마나 사랑하셨기에
제 죄보따리를 홀로 도맡으시고
넘어지시고 기진하시며
갈보리를 오르셨단 말입니까?
큰 죄인, 저를 위하여 기쁘게 지신 육중한 십자가
이제부터는 마지못해서가 아니라
흔쾌하게 제 십자가를 지고 오르렵니다

주님, 저 위하여 십자가에 못박히신 주님,
당신께서 마지막 한 방울까지 흘리신
피를 생각하며 오열을 터뜨립니다
제가 죄를 지을 때마다
지금도 당신을 십자가에 못박고 있는 것을
가슴 아파하며 무릎을 꿇습니다
어서 제 죄를 십자가에 남김없이 못박고

당신을 십자가에서 내려오시게 해야 하는데

그것이 마음대로 되지 않아 애태웁니다

저 위하여 아직도 못 내려오신 십자가,

이젠 당신 대신

제가 못박힐 차례임을 깨달으며

결단하며 결행하려 합니다

그리스도는 영광을 차지하기 전에
고난을 받아야 한다고 말씀하신 주님,
저희가 거쳐야 할 고난의 과정을
당신께서 홀로 겪으시며
저희에겐 영광만을 안겨 주시오니
송구스러워 어찌할 바를 모르겠습니다
영광을 뒤에 숨기고 있는 십자가,
그 십자가의 고통을
자진하여 감수하렵니다   † 아멘

2월
February
26일

♣ 무엇보다도 먼저 서로 뜨겁게
사랑하십시오. 사랑은 허다한 죄를
덮어 줍니다. (벧전 4:7-8)

사과 한 입 베물다가

고마우신 하나님,

봄이 오고 있습니다

동장군이 물러가면서

짓궂게 풀어 놓은 겨울바람 때문에

나뭇가지들이 휘청거리고 있지만

봄아씨가 뜨락을 기웃거리고 있습니다

앙상한 나무 사이사이에

잠시 숨을 곳을 찾으러

오늘도 봄아씨 치맛자락 날리며

저희 숲을 다녀갔습니다

한낮의 햇볕이 제법 따사롭습니다

이제 밖에 빨래를 널어도
꽁꽁 얼지는 않겠지요
그러나 아직 창 밖은 겨울,
창 안은 봄입니다
어김없이 계절을 바꿔 주시는
당신의 섭리를 찬양하며 감사합니다

은혜로우신 주 하나님,
올 겨울 과일값이 껑충 뛰었는데
하루에 한 번 사과 몇 쪽 맛보게 해 주시니
진정 고맙습니다

명절에 들어온 과일을 냉장고에 갈무리해 놓고
아주 조금씩 오랫동안 먹고 있습니다
하루 한 끼 거르는 이웃도 있다던데
후식까지 먹고 있는 제가
갑자기 부끄러워집니다
사과 한 입 베물다가
그만 눈물이 핑 돌았습니다

당장 내일 아침 쌀 떨어진
이웃은 없을까 생각되어서요
사과 한 조각 목구멍에 걸려
사레들리며 기침이 나서
숨이 막힐 뻔했습니다

사과 한 조각,
목에 걸리게 하신 특별한 의미를
찾으려 하고 있습니다
"오늘이 마지막이란다면,
네가 오늘 밤 죽는다면

넌 지금 무엇을 해야 하겠니?"
당신이 물으시는 것 같습니다
"무엇보다도 먼저 서로 뜨겁게 사랑하십시오."
이 말씀이 사과와 함께
제 목구멍에 걸렸습니다
사랑, 사랑
입에서 청산유수로 흘러나오는
흔한 낱말, 두 글자 사랑을
행위로 옮기지 못한 죄를 성찰하며 웁니다
물론 저는 가난한 이웃을
모조리 다 도울 수는 없습니다
아픈 형제들을 전부 위로할 수는 없습니다
고난 받는 자매들을 다 포용할 수도 없습니다
하지만 가까이에도
얼마든지 뜨겁게 사랑할 사람들이 있습니다

하나님, 내 주 하나님,
당신을 아는 지식,
몸을 사르는 봉사,

희생하며 나누는 물질, 이 모든 일에 앞서
서로 진정으로 사랑하는 일을
해야 한다는 말이 뼛속 깊이 사무칩니다
날마다 소외된 이들과 함께 살아가면서
저도 세상으로부터 소외되고 있다는 것,
이 하나만의 삶에 너무 안주해 있던 저를 봅니다
함께 사는 것 이상
더 뜨거운 사랑은 없다는 생각에
너무 깊이 머물러 있었나 봅니다
사랑의 공동체 안에서도
형식적이고 습관적인 사랑에 길들여지고 있고
오히려 사랑의 의미가 퇴색될 수도 있다는
깨달음이 왔습니다

내 주 하나님,

뜨거운 사랑이 무엇인가요?

진정한 사랑이 무엇일까요?

제 눈 앞에 아픈 두 사람,

그 두 사람을 아른거리게 해 주셨으니

꼼짝 못하고 누운 그 두 사람에게

당장 사랑을 고백하겠습니다

내일이 오기 전에

오늘이 가기 전에

사과 한 조각만한 사랑을 선물로 보내렵니다

아, 이제서야 봄이 오는 소리가 들립니다

별안간 봄볕 한 오라기,

저의 이마에 꽂혀

봄노래를 부르고 있습니다

당신이 하신 일입니다   †아멘

우리 아버지

아버지, 우리 아버지,
당신은 인자하신 우리 아버지,
사랑이신 아버지이십니다
그런데 오늘은 '우리 아버지'라고 부르다가
그만 울음을 터뜨렸습니다
저는 아버지를 만나고, 만지고, 보고, 들었기에
어떤 아버지이신 줄 알고 있습니다
그러나 아버지를 모르는 사람이
너무 많아 자꾸 눈물이 납니다
당신이 '우리 아버지'이신데
왜 '오혜령만의 아버지' 같으시냐고

따져 묻기 때문입니다
당신이 사랑이신데 왜 고통을 당해야 하느냐고
덤벼들기 때문입니다
이 물음은 오고 오는 세대에도
계속 들려올 후렴일까요?
결국 체험의 문제입니다
아버지, 우리 아버지,
당신을 알 수 있는 은총을
모두에게 내려 주십시오

아버지, 나의 아버지,
우리의 아버지,
당신이 저를 더 힘든
고난의 용광로에 넣으신다 해도
당신은 틀림없는 저의 아버지이십니다
당신께서 제게 견디기 어려운
질병들을 거듭 주신다 해도
당신은 분명히 저의 아버지이십니다
당신은 저를 사랑하시므로

무서운 광야길을 걷게 하십니다
당신은 저를 사랑하시기 때문에
모함 받고 오해 받게도 하십니다
변명하지도 못하게 하시고
고스란히 비난을 뒤집어 쓰게도 하십니다
당장 오해를 벗겨 주실 수 있더라도
결코 그 방법을 택하지 않으십니다
때로는 제 편도 모두 없애시고
열 섬 고독을 지게 하십니다
꼭 그런 방법으로 저를
훈련시키실 수밖에 없으신 당신은
홀로 눈물을 삼키시며
저를 단련시키십니다
아, 당신은 정말 저의 아버지이십니다

저를 자녀로 삼아주신 아버지,
천하디천한 저를 자녀삼아
얼마나 힘드십니까?
당신의 형상대로 지음 받았지만

그 형상이 다 지워진 더러워진 죄인입니다

그 비천을 거룩으로 바꾸시려고

훈련시키시는 당신이야말로

고생을 사서 하고 계십니다

사람을 하나님 되게 하시려고

하나님이신 아드님을 사람되게 하신 그 사랑을

언제쯤이나 깨달을 수 있을까요?

참 자녀로 삼아 주신 것을 감사하며

사생아의 자리로 내려가지 않도록

단단히 붙들어 주십시오

아버지, 나의 아버지,

우리 아버지,

당신이 지옥을 경험하게 하신다 해도

당신은 틀림없는 우리의 아버지이십니다　✝아멘

♣ 그는 땅에 엎어졌다. 그리고 "사울아,
사울아, 네가 왜 나를 핍박하느냐?" 하는
음성을 들었다. 그래서 그가 "주님,
누구십니까?" 하고 물으니, (행 9:1-19)

당신은 제게 어떤 분이십니까?

다마스쿠스로 '사울'을 찾아오셔서
'바울'로 회심케 하신 주님,
오늘 여기 저희의 삶의 자리로
친히 찾아오시어
'아무개야, 아무개야,'
불러 주시지 않겠습니까?
저희가 헤매고 있는 어둔 밤,
저희가 허우적거리는 안개 낀 아침,
저희가 더듬고 가는 동굴의 낮,
이 시간시간마다
당신의 눈과 마주치고 싶습니다

당신의 살과 접촉하고 싶습니다
빛으로 저희를 불러 주십시오
음성으로 저희를 깨워 주십시오
그리고 잘 보인다고 자랑하는
저희 눈을 멀게 해 주시고
당신을 똑바로 뵈올 수 있는
영안을 뜨게 해 주십시오

"당신은 누구십니까, 주님?
당신은 제게 어떤 분이십니까, 그리스도여!"
이렇게 당신께 여쭈며

당신을 재발견하고자 몸살하며 가는
각자의 다마스쿠스 길,
그 길을 보여 주옵소서
신비체험을 통해서 바울적 회심체험을 하든지,
평생토록 순간마다 베드로적 회심생활을 하든지,
각자의 다마스쿠스 길을 끝까지 걷는
큰 은총을 내려 주옵소서   †아멘

♣ 주께서 다윗에게 대답하셨다. "올라가거라. 저 블레셋 사람들을 반드시 너의 손에 넘겨주겠다." (삼하 5:17-25)

올라가라
하시면 올라가고

하나님 아버지,

저희는 무슨 일을 하기 전에

먼저 당신의 뜻을 알아보지도 않고

무턱대고 일을 진행시킵니다

때로 당신의 뜻을 여쭤본다고 해도

분별할 수 있는 능력이 없고

응답을 해석할 지혜도 없습니다

결국 저희 계획과 뜻대로 행함으로써

당신의 뜻과 거리가 먼 일들을 했습니다

더러 당신의 뜻이 분명해졌을 때에도

순종하지 못했습니다

확신이 없을 뿐만 아니라

인간적인 조건을 따져보고 나서

신뢰가 가지 않으면

용납하지 않았습니다

인간적인 여건이 성숙될 때까지

아무것도 하지 않는 죄를 지었습니다

나아가라 하시면 머물고

머물라 하시면 나아갔습니다

용서해 주시옵소서

여쭤 보는 자에게 어김없이

해결책을 마련해 주시는 아버지 하나님,

당신의 응낙을 받고서야 움직인 다윗을 본받아

당신의 뜻과 명령을 따르려 하오니

승리를 주시옵소서

블레셋이 다윗에게 참패를 당하고

권력이 종식된 것을 바라보며 통쾌함을 느낍니다

재기할 수 없을 정도로

그들이 패전한 모습 속에서

하나님 없는 자들의 파멸을 바라봅니다

블레셋은 패주할 때

그들이 신처럼 숭배했던

우상을 버리고 도망쳤습니다

그들이 우상을 버린 것 자체가

큰 실패였습니다

당신은 우리 앞에서 기다리시며

우리를 부르시며 앞서가십니다

신앙을 버리면 곧 실패함을

깨닫게 해 주시옵소서

하나님, 당신을 우리 앞에 모시면
원수 마귀도 달아나고
당신이 함께 하시면 새로운 능력이 생기오니
언제나 우리 앞에 머무시옵소서

일일이 아뢰는 자에게
최상책을 가르쳐 주시는 하나님 아버지,
당신의 허락을 받고서야
활동을 시작한 다윗을 본받아
당신의 명령과 뜻을 좇으려 하오니
승리를 주시옵소서
다윗이 중대한 문제를 만났을 때
먼저 당신의 뜻을 구한 것처럼,
저희도 사사건건 당신께 뜻을 여쭙고
그 뜻에 따라 전적으로 순종하고 싶습니다
당신께서 우리 앞에 날마다 서 계시며
앞장서 나가시는 것을 기억하게 해 주시옵소서
당신이 멈추라 하시면 멈추고
나아가라 하시면 나아가며

올라가라 하시면 올라갈 수 있는

믿음을 주시옵소서

당신과 함께, 당신을 따라,

용맹하게 전진하도록 하옵시며

승리의 영광은

당신께 돌리게 해 주시옵소서

우리의 승패 여부는

당신을 믿는 신앙의 유무에 달려 있음을

잊지 말게 해 주시옵소서

하나님, 당신을 우리 앞에 모시면

원수 마귀도 달아나고

당신이 함께 하시면

새로운 능력이 생기오니

언제나 우리 앞에 머무시옵소서   † 아멘

성 | 경 | 찾 | 아 | 보 | 기

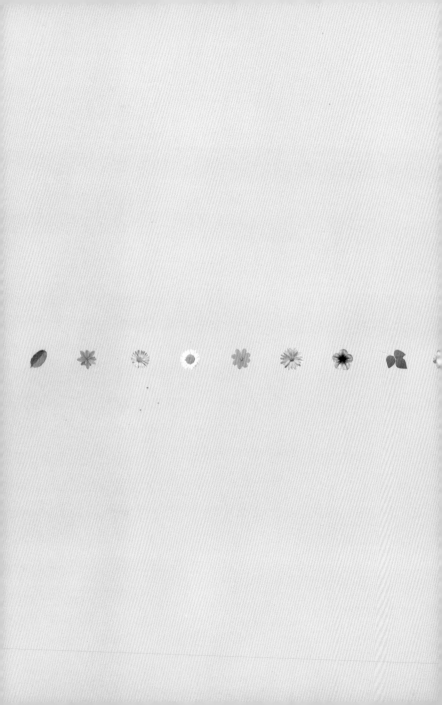